Todos los libros de Linkgua Ediciones cuentan con modelos de Inteligencia Artificial entrenados por hispanistas. Pregúntale al chat de tu libro lo que desees acerca de la obra o su autor/a.

Para ebooks: Accede a nuestro modelo de IA a través de este enlace.

Para libros impresos: Escanea el código QR de la portada con tu dispositivo móvil.

Obtén análisis detallados de nuestros libros, resúmenes, respuestas a tus preguntas y accede a nuestras ediciones críticas generativas para una experiencia de lectura más enriquecedora.
La transparencia y el respeto hacia la autoría de las fuentes utilizadas son distintivos básicos de nuestro proyecto. Por ello, las respuestas ofrecen, mediante un sistema de citas, las fuentes con las que han sido elaboradas.

Francisco de Quevedo y Villegas

Execración contra los judíos

Barcelona 2024
Linkgua-ediciones.com

Créditos

Título original: Execración contra los judíos.

Sumario

Brevísima presentación

La vida

Francisco de Quevedo y Villegas (Madrid, 1580-Villanueva de los Infantes, Ciudad Real, 1645). España.

Era hijo de Pedro Gómez de Quevedo, noble y secretario de una hija de Carlos V y de la reina Ana de Austria. Francisco de Quevedo estudió con los jesuitas en Madrid, y luego en las universidades de Alcalá (lenguas clásicas y modernas) y Valladolid (teología). Tras su regreso a Madrid tuvo la protección del duque de Osuna, con quien viajó a Sicilia en 1613. Osuna fue nombrado virrey de Nápoles y Quevedo ocupó su secretaría de hacienda y participó en misiones políticas contra Venecia promovidas por su protector. Cuando éste cayó en desgracia Quevedo sufrió destierro y prisión, pero regresó a la corte tras la muerte de Felipe III.

Durante años tuvo buenas relaciones con Felipe IV, aunque no consiguió ganarse la simpatía de su favorito, el conde-duque de Olivares. Se especula que dejó bajo la servilleta del monarca el memorial contra Olivares titulado «Católica, sacra, real Majestad», lo que motivó su detención en 1639. Se cree, en cambio, que terminó en un calabozo del convento de San Marcos de León, donde permaneció hasta 1643, víctima de una conspiración.

Murió en Villanueva de los Infantes.

La conjura judía

La Execración contra los judíos es un texto de un racismo radical. Fue escrito por Quevedo mientras ejercía como secretario de Felipe IV, según parece, inspirado por las sospechas de que ciertos miembros de la comunidad judía europea estaban financiando a fuerzas adversas al monarca español.

Resulta interesante como testimonio de las fuerzas en conflicto durante la Europa del siglo XVII, inmersa en la Guerra de los Treinta Años.

Execración contra los judíos (1633)

Execración contra la blasfema obstinación de los judíos que hablan portugués y en Madrid fijaron los carteles sacrílegos y heréticos, aconsejando el remedio que ataje lo que, sucedido, en este mundo con todos los tormentos aún no se puede empezar a castigar. (1633).

Escríbela don Francisco de Quevedo y Villegas, Caballero de la Orden de Santiago y Secretario de su Majestad.

A la Majestad Católica del Rey Nuestro Señor don Felipe IV desde nombre.

«Deus, iudicium tuum regi da, et iustitiam tuam filio regis.» (Salmos, 71, 2).

Señor:

Si el sentimiento pudiera ser consuelo al horror de que toda España está poseída en este sacrilegio, al que vuestra majestad ha mostrado, lleno de religión y celo católico, se debiera este remedio. Mas las circunstancias de tal delito a Vuestros buenos vasallos niegan el consuelo en Vuestro dolor, y a Vos, Señor, el que tuviérades en consolar su dolor con el Vuestro. Yo, como Job, «hablaré en la amargura de mi alma» por ser fiel, y nada callaré por ser leal, pretendiendo no ser reo a entrambas majestades: a la eterna, como su criatura; a la Vuestra, como Vuestro criado que reverencia el juramento que al servicio de vuestra majestad ha hecho.

De dos maneras ha castigado Dios Nuestro Señor siempre y de entrambas nos castiga: la una es castigar los pecados; la otra, castigar con los pecados. No sé si acierto en temer la postrera por mayor, pues cuanto es peor el pecado que el castigo, tanto es peor castigo el pecado. Castiga Dios nuestras culpas con permitir que nuestros regocijos sean nuestras lágrimas; lo que se vio en dos fiestas de toros en la Plaza, adonde, en la primera, quemándose de noche hasta los cimientos una acera, no pereció nadie, y la segunda, no cayéndose nada ni ardiéndose una madera, murieron miserablemente tantas personas. Castiga Dios con permitir en Cádiz que nuestros puertos sean cosarios de nuestras mercancías y las anclas de nuestros navíos sus huracanes. Da a los rebeldes las plazas en Flandes. Da la flota, sin resistencia nuestra ni gasto de pólvora, a los herejes. Entrégales en el Brasil los lugares y puertos y las islas. Ábreles paso a Italia. Dales victorias en Alemania y socorros. Castigos son de Su mano, satisfacciones son de Su ira grandes y dolorosas. Mas, permitir que en la corte de vuestra majestad azoten y quemen un crucifijo, que repetidamente fijen en los lugares públicos y sagrados carteles contra Su Ley sacrosanta y solamente verdadera, esto es castigar con los pecados. Y pecados tales, que en esta vida no pueden tener proporcionado castigo.

Señor, el vernos castigados de la mano de Dios no debe afligirnos, sino enmendarnos, porque su azote más tiene, por su bondad, de advertencia que de pena. Así lo enseña el grande doctor y padre San Agustín: «Quien se alegra con los milagros de los beneficios, alégrese en los espantos de las venganzas, porque halaga y amenaza. Si no halagara, no hubiera alguna exhortación; si no amenazara, no hubiera ninguna corrección».

Todas nuestras calamidades referidas las hallo una por una contadas en Nahum profeta con la causa dellas (capítulo 3): «La voz del azote, la voz del ímpetu de la rueda, la del caballo que gime, la del caballero que sube, la de la espada que reluce, la de la lanza que fulmina, la de la multitud muerta y de la ruina grande; no tienen los cadáveres fin y se precipi-

tarán en sus cuerpos por la multitud de las fornicaciones de
la ramera hermosa y favorecida, y que tiene hechizos, que
vende las gentes en sus fornicaciones y las familias en sus
hechicerías». Podrán otros hallar estas señas de la ramera,
por la hermosura, valimiento y hechizos, bien parecidas a
otra cosa. Empero, yo reconozco ser esta ramera la nación
hebrea con la autoridad de Isaías (capítulo 1): «¿Cómo se ha
vuelto ramera la que era ciudad fiel, llena de juicio?». Por
ella, Señor, y por sus prevaricaciones, temo que hemos oído
en Italia, Flandes y Alemania, todas las voces referidas, pues
nos han gritado el azote, la rueda, el caballo, el caballero, la
espada, la lanza y la multitud de difuntos, pronunciando horror con los cadáveres y escribiendo de espanto con güesos
sangrientos las campañas.

¡Oh, Señor, a cuán hondos retiramientos de la alma baja
la consideración el sentimiento! No dudo que la mano sacrílega que suscribió los carteles y la lengua precita que los dic-
taba padecerán. David, rey santo y profeta rey, lo asegura en
el salmo 51: ¿Por qué te glorificas en malicia, tú, poderoso
en la maldad? Por todo el salmo y singularmente en el verso
6-7: «Amaste, lengua maldita, todas las palabras de precipi-
tación. Por lo cual Dios te destruirá en el fin, y te arrancará
y te arrojará de tu tabernáculo y tu raíz de la tierra de los
que viven».

Mas, Señor ¿quién nos dará satisfacción de que en Vuestra corte haya habido piedras que consintiesen tales carteles,
cuando sabemos que las piedras, en esto, han mudado naturaleza por nuestros pecados? Pues cuando vieron otro cartel
sobre la cruz de Cristo, se quebraron las de Jerusalén, y, con
éstos, no hicieron movimiento las de Madrid. Rasgaron sus
claustros los montes y fueles fácil desabrochar la trabazón
de cerros, y no se hendieron las puertas y las paredes donde

los pegaron. Gimió con los truenos el cielo, tronó con las borrascas el mar, y faltó voz a las esquinas. Los muertos salieron de las sepulturas cuando la propia nación condenó a Cristo, y hoy los vivos parecen muertos y sepulcros las casas. Halló el Sol, en medio del día, noche con que taparse la cara por no ver las afrentas de Cristo, y en esta ocasión faltaron nubes que le enlutasen la luz porque faltase día para leer blasfemias tan descomulgadas. ¡Quién dejará de confesar que esta nota desconsuela el tiempo y el lugar!

Quédese aquí la ponderación, pues, para el castigo y el remedio, vuestra majestad es él solamente todo católico monarca, grande por las virtudes, piedad y religión, sumo por el poderío y fuerzas. Amparáis el Santo tribunal de la Inquisición, mano derecha y sagrada de Vuestra justicia, más precioso rayo de Vuestra corona, fortaleza inexpugnable de Vuestros reinos, tutela soberana de Vuestros vasallos. Pasemos al remedio por el conocimiento de la causa infernal de tan sacrílegos y abominables efectos.

Serenísimo, muy alto y muy poderoso Señor, preceda en Vuestros oídos esta advertencia a mi discurso, que de la benignidad de vuestra majestad espero la dará paso desembarazado a Su real corazón, de quien confío que, pues está en la mano de Dios, será asistido mi celo y acogida mi verdad.

Los gloriosos antecesores de vuestra majestad expelieron de todos sus reinos la nación pérfida hebrea cuando se coronaban en pocos y pobres retazos de España, recobrados a la inundación de los moros por el valor de las reliquias cristianas que, de aquella universal ruina, quedaron parte despreciadas, parte defendidas, por la espada de Santiago, su único patrón. Y me persuado con grandes fundamentos que, por aquella expulsión, extendió Jesucristo Nuestro Señor el cerco de su corona sobre todo el camino del Sol, no solo borrando las de los moros, sino incluyendo en ella las coronas de otros reyes católicos, como se ve en las de Aragón, Portugal, Nápoles y Sicilia. Mucho debe vuestra majestad a la misericordia de Dios, que ha juntado tan distantes orbes para ceñir en majestad incomparable Su cabello, dejando fuera de Su obediencia los que castiga. Y cuando el Sol, en cuanto camina con las horas, no da paso donde Vos no dominéis, la noche en el mundo opuesto no mira con el desvelo de las estrellas mar ni tierra que no sea Vuestro.

Las causas que obligaron a los progenitores de vuestra majestad a limpiar de tan mala generación estos reinos se leen en todos los libros que doctísimamente escribieron varones grandes en defensa de los estatutos, iglesias y colegios y órdenes militares. No las callan las historias propias y extranjeras. Vulgar es, y de pocos ignorado, el papel que declara la causa de la postrera expulsión; y con él anda el consejo de los malos judíos, príncipes de la Sinagoga de Constantinopla, dieron a los que les avisaron desde España del destierro y castigos que padecían. Consejo tan habitado de veneno que inficiona leerle y molesta ver con cuánta maña le supieron ejecutar. Pónele a la letra en español el doctor Ignacio del Villar Maldonado, doctísimo jurisconsulto, en su libro impreso cuyo título es «Silva responsorum iuris», libro I, en la duodécima responsión (párrafo 51). Referiré a vuestra majestad una cláusula dél: «Y pues decías que los dichos cristianos os quitan vuestras haciendas, haced vuestros hijos abogados y mercaderes, y quitarles han ellos a los suyos sus haciendas. Y pues decís que os quitan las vidas, haced vuestros hijos médicos y cirujanos y boticarios, y quitarles han ellos a sus hijos y descendientes las suyas. Y pues decís que los dichos cristianos os han violado y profanado vuestras ceremonias y sinagogas, haced vuestros hijos clérigos, los cuales con facilidad podrán violar sus templos y profanar sus sacramentos y sacrificios».

Yo, Señor, no estoy tan cierto de que les diesen este consejo los judíos de Constantinopla a los de España, como de que los judíos de España le han ejecutado. Si se toma la disposición a la salud y a las vidas, más vidas nos cuestan sus medicinas y sus recetas que las batallas. Un médico fue causa de la postrera expulsión. Era judío y traía en lo hueco de una poma de oro un retrato suyo pisando con los pies la cara de un crucifijo. Y en el propio libro y párrafo citado, cuenta el doctor Ignacio del Villar Maldonado de otro médico judío que se le averiguó haber muerto más de trescientas personas con medicinas adulteradas y venenosas, y que, todas las veces que entraba en su casa cuando volvió de asesinar los enfermos, le decía su mujer, que era como él judía: «Bien venga el vengador»; a que el judío médico respondía, alzando la mano cerrada del brazo derecho: «Venga y vengará».

Y destas historias de médicos judíos que han vendido por dinero la peste a los cristianos, están llenos los libros y las historias y los autos de la Inquisición. Y hoy, Señor, en Madrid son muchos los médicos y oficiales de botica los que hay portugueses desta maldita y nefanda nación; y son infinitos lo que andan peleando, con achaque de curar, por todos los reinos, y cada día el Santo Oficio los lleva de las mulas al brasero.

Juan Baptista de San Nasario, que se llama Ripa, «in suo tractatu iuridico de Peste», folio 76, «In electione medicorum», dice estas afectuosas palabras: «Así advierto yo a los avenionienses, los cuales, confiando la enfermedad a sí mismos y sus hijos a los pérfidos judíos y enemigos de los cristianos, pues, si persiguieron a Cristo, ha de creerse que a nosotros perseguirán, si pensáis lo contrario, seréis para aquéllos semejantes a los que Cristo llama mendaces. Yo, por contra, soy cristiano, y reconozco la verdad de Cristo, "si me persiguieron a mí, también os perseguirán a vosotros". Además, pide la muerte el que busca la curación en los judíos, porque considera que puede sanarse sin la ayuda de Cristo».

Contra sí oye las palabras de Jesucristo cualquiera cristiano que de los judíos promete otra cosa que muerte y persecución. Pues si declaran las haciendas particulares y públicas, bien verificado lloran aquel endemoniado consejo, siendo verdad que no hay cosa que se venda o se compre, por menudo ni por junto, vil ni preciosa, desde el hilo hasta el diamante, que no esté en su poder, ni estanco, ni arrendamiento, ni administración que no posean. Y con haber arribado a ser asentistas han avecindado su venganza a más de lo que pudieron maquinar los detestables rabíes de Constantinopla. En la parte de hacerse abogados no hablo, porque no es menester; ni en la de hacerse sacerdotes, porque no puedo. Por demás es decir lo que se ve y enseñar uno lo que todos cuentan. Todo esto debieron de reconocer y prevenir los señores reyes de felice recordación, las leyes, los establecimientos y los sagrados cánones que, para todas estas cosas (fuera de la mercancía), mandaron precediese información de limpieza.

Tal es aquella nación que los príncipes no tuvieron por salud entera desterrarlos. Antes, por todo lo dicho, reconocieron el peligro y el contagio en pequeña participación de sus venas. El vaho de su vecindad inficiona, su sombra atosiga. Una gota de sangre que de los judíos se deriva seduce a motines contra la de Jesucristo toda la de un cuerpo en la demás calificado. No la olvidan las tardanzas del tiempo de su mala calidad. Siempre empeora la buena sangre con que se junta y por eso la busca. Nunca se mejora con la buena en que se mezcla y por eso no la teme. Y es, Señor, caso admirable y maravilla grande que premiase Dios Nuestro Señor la expulsión postrera de los abominables judíos y el establecer contra su perfidia el Tribunal del Santo Oficio con dar a los Reyes Católicos tanto mundo, que ignorancia tan antigua guardó hasta su días para que fuese recompensa de acción tan colmada de gloria y, juntamente, señal de lo mucho que se agradó la majestad divina de tan santa determinación. Cargue V. M. la consideración sobre el cuidado que en esto tuvo el verdadero Dios nuestro, pues, yendo Colón primero a rogar con el nuevo mundo al rey de Portugal, no se le concedió, y le llevó al rey don Fernando porque le gozase quien desterraba a los judíos y le perdiese quien les acogió.

Debo poner a vuestra majestad en consideración que nuestros acontecimientos se miran de oposición con aquellos sucesos, si, después que los judíos en España se han introducido con escritos impresos relajación de gravámenes y alguna excepción en materia de vender bienes y poder ausentarse y que se determine fin a su afrenta, experimentamos pérdidas de plazas y de gente y de flotas. Y no es ajeno de razón achacar esto a los judíos que tenemos, pues lo tenemos en premio de los que echamos.

Digna cosa es del reparo de vuestra majestad las grandes y milagrosas plagas que Dios, siendo los judíos su pueblo, invitó sobre Faraón, porque los detenía y no los dejaba ir, y las que envía, que no son menores que aquéllas, hoy que son pueblo contra Él, sobre los que los tienen y no los echan. Ésta, Señor, es gente que produce plagas si los tienen y si no los arrojan. No será hoy menos condenada la dureza de quien no los echare que lo fue la del que no los dejó ir. ¿Qué se puede esperar de los que crucificaron al que esperan y de los que, crucificado, le queman y de los que, quemado, condenan a muerte Su Sacra Santa Ley con edictos abominables?

Yo me prometo de la justicia de vuestra majestad que, recordado de los ultrajes hechos en su tiempo, tan atroces al Santísimo Sacramento por dos herejes en Su corte, de los primeros carteles que, con la nota destos segundos, se fijaron en Sevilla cuando el inglés acometió a Cádiz, no solo mandará que, con todo rigor, se observen los estatutos —que esto yo creo se ha hecho y hace— sino que, creciéndolos, pasará a que Sus órdenes, con perpetua transmigración, arrojen de todos Sus reinos esta cizaña descomulgada. Y porque a este remedio puede parecer estorbo en las ocurrencias presentes el ser desta detestable, pérfida, endurecida y maldita nación los más de los asentistas, digo que tuviera por más seguro el desamparo ultimado de todos que el socorro destos.

Señor, mirando a Vuestras grandes y admirables virtudes, me atrevo a deciros aquellas palabras del salmo, decentes por ser de rey para rey, graves y misteriosas por ser de rey profeta y santo. Como puedo os las apropio: «porque quisiste la justicia y aborreciste la maldad, por eso te ungió tu Dios con óleo de alegría entre tus consortes» (Salmos 44,8). De que se colige literalmente que, como hay óleo de alegría para ungir al rey que, como vuestra majestad, ama la justicia y aborrece la maldad (como lo muestra el «quia» causal), que también habrá óleo de tristeza para ungir al rey que amare la maldad y aborreciere la justicia. Y como yo conozco la grande religión de Vuestro ánimo y la benignidad esclarecida de Vuestro corazón, quiero informar a vuestra majestad de la naturaleza precipitada, del natural dañado e injurioso desta abatida y vilísima nación hebrea. Y porque no padezcan excepción mis palabras, todas serán, en la primera prueba, textos sagrados.

En el libro 5 de las Decretales, «De Iudaeis Sarracenis» (título VI, capítulo VIII): «Ad hec omnibus Christianis, qui sunt in iurisdictione vestra penitus interdicatis, et si necesse fuerit, districtione ecclesiastica compellatis eosdem, ne Iudaeorum, in eorundem domibus nutrire presumant: Quoniam Iudeorum mores et nostri, in nullo concordant, et ipsi de facili ob continuam conversationem et assiduam familiriatatem ad suam superstitionem et perfidiam simplicium animos inclinarent». Manda este Decreto que se prohíba a los cristianos servir a los judíos y a las amas cristianas que no críen sus hijos, y da la razón: porque las costumbres de los judíos en nada concuerdan con las nuestras, y con el trato y conversación, dice el Santo Pontífice, les es fácil a ellos seducirlos a su perfidia y bestial superstición.

Repare vuestra majestad en que no se pueden atribuir a otra cosa los daños y escándalos que suceden sino a la licencia con que se deroga este decreto, y más, Señor, leyendo en el propio título, capítulo XIII, estas tan santas como temerosas palabras: «Et si Iudeos (quos propia culpa submisit perpetue servituti) pietas Christiana receptet, et sustineat cohabitationem illorum ingrati tamen nobis esse non debent, ut reddant christianis pro gratia contumeliam, et de familiaritate contemptum: qui tanquam misericorditer in nostram familiaritatem admissi, nobis illam retributionem impendunt, quam (iuxta vulgare proverbium) mus in pera, serpens in gremio, et ignis in sinu suis consueverunt hospitibus exhibere».

Señor, este capítulo, para guiar las determinaciones de vuestra majestad, se lee escrito con tantos nortes como letras. Dice que los judíos, por su propia culpa, están sujetos a perpetua esclavitud. Luego, excluidos están por sus maldades no solo de tener puestos y mandar, sino de tener libertad y dejar de ser esclavos. Y como si con el Santo Pontífice se consultara el advertirlos por asentistas, dice que no se ha de comunicar ni tratar con ellos, porque los judíos dan el pago que da el ratón al que le lleva en las alforjas y la serpiente al que la abriga en el regazo y el fuego al que le hospeda en el seno.

Vea vuestra majestad: si el mantenimiento que les fiamos le roen, si el regazo en que los abrigamos le envenenan, si el seno donde los recogemos le abrasan, ratones son, Señor, enemigos de la luz, amigos de las tinieblas, inmundos, hediondos, asquerosos, subterráneos. Lo que les fían roen y lo que les sobra inficionan. Sus uñas despedazan la tierra en calabozos y agujeros, sus dientes tienen por alimento todas las cosas, o para comerlas o para destruirlas. Desvelados en el sueño y descuido de los que los padecen temerosos, y fecundos de fertilidad tan nociva, que la casa donde están la minan de suerte que no puede vivir en ella quien se contenta con cerrar los agujeros o espantarlos, y solo puede habitarla quien, o se muda della, o los mata. Sierpes son, Señor, que caminan sin pies, que vuelan sin alas, resbaladizos, que disimulan su estatura anudándola, que se vibran flecha y arco con su lengua en los círculos sinuosos de su cuerpo, que se encogen para alargarse, que pagan en veneno desentumecido el abrigo que se les da. Fuego son que paga la vecindad en incendios y la acogida en ceniza, que de pequeña centella crecen en hoguera, que tratados queman y vistos deslumbran, consentidos consumen y apagados ahúman y siempre con inquietud se dan prisa a consumir lo que los alimenta.

Soberana, Sacra, católica y Real Majestad, no dudo que con este advertimiento de los sagrados cánones, mandaréis echar el ratón de Vuestro alimento y la sierpe de Vuestro regazo y el fuego de Vuestro seno. Y porque veáis que desta comparación con los judíos quedan afrentados y quejosos el fuego, la sierpe y los ratones, oíd las palabras con el que el pontífice acabe este capítulo 13: «Ha venido a nuestra noticia que los judíos dan amas cristianas que les críen a sus hijos y —lo que no solo decirlo sino imaginarlo es nefando—, como acontezca que el día de la Resurrección del Señor reciban el cuerpo y la sangre de Jesucristo, por tres días después que comulgaron las hacen derramar la leche en una necesaria y cometen otras maldades contra la fe católica detestable y inauditas por lo cual los fieles deberían temer no caer en la divina indignación, dado que de forma indigna les permiten cometer delitos que inducen a confusión a nuestra creencia».

No tengo para qué ponderar a vuestra majestad las palabras deste capítulo, que en Sus piadosas entrañas tendrán más conmiseración que eficacia en mis razones. Solo hago recuerdo a vuestra majestad que por esto en la Casa real es estatuto que se haga información a las amas de los serenísimos príncipe y infantes y que, aunque la leche sea buena, en la que fuere desta perversa ralea, no se admita, temiendo aun en tanta majestad el contagio desta nación que describe y dibuja Job, capítulo 39, en Behemoth y Leviatán: «Veis a Behemoth». No me detendré en todo el capítulo por no hacer comentario ni discurso. Repararé en el verso 13 y en el 18 que retratan en este monstruo el pueblo hebreo: «Sus huesos, como cañones de metal, sus ternillas, como láminas de hierro». No es, Señor, de otra suerte su dureza. Los huesos destos pérfidos son cañones de batir; sus médulas son balas; sus ternillas, láminas de hierro. Éstos no son hombres, sino máquinas de guerra. Con la carne arrebatan la batería sobre que se fabrican. Prosigue Job: «Veisle que se sorberá el río y no se admirará, y tiene esperanza que ha de agotar el Jordán en su boca».

Aquí, Señor, declara la pretensión de este pueblo anatematizado por el río que se sorbe, y no se admira su sed insaciable de usuras y riquezas. Por el Jordán que espera agotar, declara que su negocio es agotar el bautismo, que yo así lo entiendo literalmente en la palabra «cerrar en su boca el Jordán», río donde Cristo bautizó y fue bautizado, aguas que fueron solar del bautismo, de donde prueba su nobleza y limpieza, en la ley de gracia, nuestra alma.

Pedro Comestor, en la «Historia Eclesiástica», de los «Actos» (fol. 249): que como San Pablo, predicando en Atenas, convirtiese mucha gente, pasó a Corinto, donde convirtió un judío que se llama Aquila con su mujer Priscila, de los cuales habla muchas veces cuando escribe a sus amigos. Éstos eran recién venidos de Italia, expulsos por el edicto de Claudio Emperador, que los había desterrado de su imperio porque, con la familiaridad e introducción que tenía con Agripina su mujer, la habían ya introducido en sus ritos, de suerte que judaizaba. Pues si este comercio fue de tal peligro en la familia imperial y por emperador idólatra fue arrojado con edicto por detestable y contagioso, vuestra majestad, Católico Monarca, verá mejor que todos lo que a todos conviene.

Presento a vuestra majestad por testigo contra esta generación de hierro adúltera y viperina a David. De ellos es, con ellos habla nombrándolos y mandándolos que atiendan y llamándolos, como su rey, su pueblo (salmo 77): «Atended, pueblo mío». En todo este salmo encarece su dureza, su desagradecimiento, su obstinación, su olvido, sus maldades, su ceguera, su idolatría. Dice los beneficios tan maravillosos que de Dios recibieron y cómo se los pagaron en ofensas. Dice los castigos y cómo los despreciaron con perfidia. De que se colige, Señor, que, pues Dios ni por bien ni por mal los redujo, deben tomar enseñanza los hombres para tratarlos y conocerlos. Dícelo David con estas palabras: «Y acordáronse porque Dios fue su ayuda y su redentor. Amáronle en su boca y con su lengua le mintieron». Pues si con Dios y para con Dios no tienen comercio su corazón y su lengua, ni su lengua con su boca, ¿quién esperará verdad de su comercio? Y en el salmo 105: «Airóse Dios con furor contra su pueblo y abominó su heredad». Éstos, después, en la pasión de Jesucristo, pidieron para sí y para sus hijos esta abominación: «¡Llueva la sangre del justo sobre nosotros y sobre nuestros hijos!».

Señor, abominemos a los que abominó Dios y, en ellos y en sus hijos, aborrezcamos gota de aquella sangre que pidió que lloviese sobre ellos la de Jesucristo. Auméntase en crédito esta información que os hago con lo que dice el salmo 94: «Quadraginta annis offensus fui generationi illi; et dixi: Semper hi errant corde» (Durante cuarenta años fue ofendido por aquella generación, y dijo: siempre yerran en el corazón). ¿Quién se atreverá a aconsejaros que fiéis de nación y gente cuyos corazones yerran siempre? ¿Qué beneficios les puede hacer vuestra majestad que igualen a la menor parte del menor que Dios los hizo? ¿Qué castigos que se proporcionen con el más leve que les dio Dios? Luego no tenéis que esperar dellos para algún bien ni debéis esperar más con ellos para desolarlos. Los oprobios con que los nombro a estos judíos no los invento; de su caudillo Moisés los aprendí (Deuteronomio 32): «Generación depravada y perversa, ¿esta paga das a tu Señor, pueblo necio y insipiente? ¿Por ventura no es Él tu padre que te posee y te crió?». Con este lugar pruebo yo que los judíos hoy son los puros ateístas. Opinión es mía; no pierda por serlo, ni por nueva.

Señor, los judíos es evidente que no creen nada, porque al que es Dios le niegan y al que no lo es le aguardan. Tienen por ley la que ya no lo es y así viven sin ley, cosa que los turcos les hacen confesar cuando reniegan. Por ellos dijo David entonces para ahora: «Dijo el insipiente en su corazón: no hay

Dios». Que este insipiente sea el pueblo judío literalmente lo dijo Moisés en el lugar citado cuando le llamó «Popule stulte et insipiens» con la propia individual palabra. Y porque se conociese que este insipiente que dijo que no había Dios era el pueblo hebreo, dio las señas con que hoy ellos propios lo confiesan: «Corrupti sunt, et abominabiles facti sunt in studiis suis; non est qui faciat bonum, non est usque ad unum» (salmos 13, 1). No se contenta David con decir que ninguno hay en ellos que haga bien, sino que cuidadosamente repite que ni uno hay entre ellos que haga bien.

Pues, Señor, quien buscare o se persuadiere que entre estos malditos ha de haber uno siquiera que haga bien no perderá solo el tiempo, sin duda se perderá, pues pierde el respeto al propio Dios no dando crédito a sus propias palabras referidas por Isaías (capítulo I): «Conoció el buey a su dueño y el jumento el pesebre de su señor, mas Israel no me conoció». Más desagradecidos son los judíos y menos conocimiento tienen que el jumento ni el buey. Son tan malos, que no pueden ser peores. No solo no conocen el bien, sino que el bien que reciben le pagan con mal y no gastan el mal sino en agradecer el bien. David su rey lo dice (salmo 35): «Retribuebant mihi mala pro nobis» (Pagábanme con males los bienes). Pues, Señor, si dar mal por mal es fragilidad y dar bien por bien es justicia y dar bien por mal es caridad perfecta, dar mal por bien será suma iniquidad; y désta quedan convencidos por su propio rey para Vos que lo sois en este tiempo.

Dejo de referir a V. M. todas las cosas que contra esta nación alega el bachiller Marcos de Mazarambroz, teniente que fue, en la ciudad de Toledo, de Pedro Sarmiento, asistente de aquella ciudad, cuando, en tiempo del rey don Juan el Segundo, todos los cristianos viejos, acaudillados del dicho teniente y asistente, quemaron vivos todos los judíos de dicha ciudad y les saquearon sus bienes; por la cual mortandad el rey, por consejo de don Álvaro de Luna, el cual se dejaba gobernar de un Mosén Hamom, judío vilísimo de la Sinagoga de Alcalá, fue contra la dicha ciudad, asistente y teniente y cristianos viejos, en favor de la causa de los hebreos. De que resultó que, cerrando la ciudad sus puertas al rey don Juan, le obligó a dar por traidor como a principal cabeza al bachiller y a inhabilitarle y alcanzar de Su Santidad lo descomulgase. Y de todas estas penas el bachiller Marcos de Mazarambroz interpuso apelación en que se leen cosas a nuestro propósito para la pretensión presente.

Mas debo referir a vuestra majestad las palabras que de los judíos y de su natural dice Cornelio Tácito para que en boca de tan grande autor se vea cómo han sentido todos de los hebreos. No callaré que Tertuliano en el «Apologético» dijo dél, reprehendiéndole en lo historial que afirmó dellos, «Insignissime mendaciorum loquacissimus Cornelius Tacitus» (Insigne hablador de mentiras Cornelio Tácito). Mas, como digo esto, miro a lo historial y no al juicio. «Historiarium» (lib.5), al principio, dice, tratando de los judíos: «Nec quidquam prius imbuuntur quam contemnere deos, exuere patriam» (La primera cosa que aprenden es despreciar los dioses y dejar la patria); habiendo dicho algunos renglones antes: «adversus omnes alios hostile odium» (contra todos los demás tienen odio enemigo). Nada desto desmienten. Hoy y siempre fueron como son y siempre serán como fueron. Y oso decir a vuestra majestad que me persuado que solo permite Dios que dure esta infernal ralea para que, en su perfidia execrable, tenga vientre donde ser concebido el Anticristo. Y sigo en esto a San Gregorio (libro 31, «Moralium», capítulo 10, sobre Job, capítulo 39), exponiendo aquel lugar del Génesis, capítulo 49: «Fiat Dan coluber in via, cerastes in semita, mordens ungulas equi, ut cadat ascensor eius retro» (Vuélvase Dan culebra en el camino, cerastes en la senda, mordiendo las uñas del caballo para que, quien va sobre él, caiga hacia atrás). Y esto porque Dan, entre los hijos de Israel, era tenido por vilísimo.

Deste propio parecer fue Hugo Cardenal, sobre el capítulo 13 del «Apocalipsi», en aquellas palabras: «Vidi de mari bestiam ascendentem». Y declarándolas dice: «Id est de Iudeis Antechristum nascentem» (Quiere decir, vi al Anticristo nacer de los judíos). Tiene esta opinión San Damasceno. Pues, ¿cómo, Señor, se podrá esperar bien ni socorro alguno de quien solo se espera a Antecristo? Refiere Bovadilla en su «Política autoridad», de Alvar Gutiérrez de Toledo, que el doctor don Pablo, obispo que fue de Burgos y después patriarca de Aquileya, con ser converso, aconsejó al rey don Enrique el Tercero que no recibiese en el servicio de su Casa real, ni en el Consejo, ni para otros oficios públicos, ni en la administración del patrimonio real a ningún converso ni judío; cuyo consejo si tomara el dicho rey, no le matara como le mató don Maír, su médico judío. Señor, despreció don Enrique aquel consejo, mas dejónosle a su costa calificado con su muerte. Y para no admitir judío médico no tenía que aguardar al consejo de don Pablo, pues la siete partida (título 24, ley 8) dice así: «E otrosí defendemos que ningún cristiano non reciba melecinamiento ni purga que sea fecha por mano de judío». Y en esta misma ley: «E aún mandamos que ningún judío non sea osado de bañarse en baño en uno con los cristianos». Advirtió la ley, Señor, que, en el baño donde se juntan a bañar el cristiano y el judío, se ensucia el cristiano con sola la compañía del judío. Expelió universalmente, atropellando por grandes inconvenientes, el santo y glorioso padre de vuestra majestad toda la generación de los moriscos en entrambos sexos, sin exceptuar edad ni admitir probanza, por indicios de que conspiraban contra su persona, y, pudiendo desempeñarse con su inmensa riqueza y posesiones, despreció hacienda de infieles por delincuente e indigna de socorrer príncipe católico. ¡Cuánto mayor causa tiene hoy vuestra majestad para desolar y expeler a los infames y vilísimos judíos y despreciar sus tesoros precitos y sus caudales condenados por manifiesta y pública conspiración, no presumida, sino ejecutada en el mismo sacramento del altar, pisándole en la imagen de Jesucristo, abrasándola en Su Ley sacratísima, condenándola a muerte con carteles públicos!

Yo confieso que darán letras que tienen plata y oro; empero veamos qué costumbres tiene el oro y la plata de los judíos y qué hacen los judíos con él. Dícelo Oseas, 2: «Dedit ei aurum et argentum, et ipsi fecerunt Baal» (Dióles oro y plata, y ellos hicieron Baal). Ve aquí vuestra majestad lo que hacen de su oro y plata: ídolos, demonios, sacrilegios, abominaciones y afrentas a quien se le da, debiéndole más que a quien se le pidiere. Y así se debe considerar lo que harán con la persona que le recibiere dellos. Si de su lengua participa su oro las mentiras, y de su corazón los yerros, no será metal puro: moneda falsa es su moneda. San Jerónimo (epístola 2, sobre el salmo 118, a Nepociano, «De vita clericorum»), explicando aquellas palabras «Revela oculos meos, et considerabo mirabilia de lege tua», dice: «Sic intellegamos, ut Dominus quoque noster intellexit et interpretatus est Sabbatum aut aurum repudiemus cum ceteris superstitionibus Iudeorum aut, si aurum placet, placeat et Iudei quos cum auro aut probare nobis necesse est, aut damnare».

El Éxodo dice claramente lo que los judíos hicieron con su caudal, lo que con él y con ellos se debe hacer de la detención de Moisés en el monte: «Videns autem populus quod moram faceret descendendi de monte Moises, congragatus adversus Aaron, dixit: Surge, fac nobis Deos qui nos precedant» (Viendo pues el pueblo que se tardaba en volver del monte Moisén, junto se fue a Arón y le dijo: «Levántate, haznos dioses que nos guíen»).

¿Quién se persuadirá de que los judíos se cansan de aguardar, siendo su pecado y su error no hartarse de aguardar? Tal es esta incorregible nación, que no quiere aguardar lo que había de venir, como en este caso aconteció con Moisén, y perseveran en aguardar lo que ya no puede venir, como el Mesías, que ya vino. Pues, Señor, ¿qué se puede esperar de gente que desespera de lo que ya llega, que duda de lo que ya llegó, que espera lo que no ha de llegar; gente ni contenta con un Dios, pues pide muchos, ni con muchos, pues aguarda uno?

Ellos dicen que no quieren dioses, sino aquellos que se hicieren por su mandado y albedrío. A Aarón dicen que les haga dioses. Conociáles Aarón y, como sabía, de sus logros y usuras ilícitas, que su dios era cada grano de oro, les dijo: «Tollite inaures aureas de uxorum, filiorumque et filiarum vestrarum auribus, et afferte ad me» (Traedme el oro de las joyas de vuestras mujeres y de vuestros hijos y las arracadas de las orejas de vuestras hijas); «Fecitque populus que iusserat» (Hizo el pueblo lo que le mandó). Bien claramente se ve que del oro que les da Dios hacen ídolos, y que si le dan es solo para hacer idolatrías, para hacer sacrilegios, para hacer dioses contra Dios, para burlar y dejar a Moisén, su caudillo. Es pues, Señor, aforismo de Su Salud y de la nuestra ni darles oro ni pedírsele. Dice el texto sagrado que «Aarón, en recibiendo las joyas, las derritió y con arte fusoria formó dellas un becerro, y ellos dijeron en viéndole: "Israel, estos son tus dioses que te sacaron de Egipto"». Reparo yo, Señor, en que el pueblo pide a Aarón que le haga dioses, dice Aarón que los hará y de su nota hace por dioses un becerro. Nadie hará lo que ellos le dijeren, que sepa lo que se hace; y no se fabricará de oro disparate tan grande, que no le aclamen dios las almas venales de los judíos. Si es becerro y es de oro, no le quieren por Dios.

Dice el texto que «le adoraron en altares con solemnidad festiva». Si los judíos a Aarón dan su caudal, en fraude de Moisén y en ofensa de Dios, solo para ídolos y a fin de idolatrar, si, porque son de oro, adoran por dioses las joyas y arracadas de sus hijos y hijas y fundidas en la brutalidad de un becerro, ¿cómo se podrá prometer vuestra majestad socorro desta dañada nación, ni ofrenda, ni tributo, ni letra desacompañada de delitos y despejada de mentiras sacrílegas? En llegando al caudal, le adoran por dioses y dejan a su Dios por él, y a su mismo Moisén. Según esto, con dificultad le darán sin dolo por Cristo, a quien sumamente aborrecen, y para la defensa de Su Ley los que solo dan letras fijas contra nuestra sagrada religión.

Advierte Dios a Moisén desta idolatría con tales palabras —es de mucha importancia que vuestra majestad las atienda— «Cerno quod populus iste dure cervicis sit» (Veo que este pueblo es de dura cerviz). No solo dice Dios que lo es, añade que lo ve. Y esto, Señor, para que, creyéndolo nosotros, no aguardemos a verlo y a leerlo; y, si por desdicha lo viéremos y leyéremos, copiemos las acciones de Moisén con ellos y con su caudal en esta parte.

Tal fue el suceso. Bajó Moisén del monte, vio la idolatría, oyó el aplauso de los sacrificios, díjole a Aarón que por qué había cargado sobre aquel pueblo tan grande delito. Respondióle Aarón: «Tu enim nosti populum istum quod pronus sit ad malum» (Tú sabes que este pueblo es inclinado al mal).

Aquí se ve condenada por su mismo artífice la inclinación al mal del pueblo judío. Y refiriendo Aarón el caso a Moisén, habiendo él fundido las joyas y con arte fusoria fabricado el becerro, viendo que le hace encargo del pecado del pueblo, dice: «Yo les dije: ¿quién de vosotros tiene oro? Trajéronme el que tenían, diéronmele, yo echéle en el fuego, y salió un becerro».

Señor, Aarón no lo refirió como había sucedido. Había, como se ha visto, fundido el oro y con arte fusoria fundido y formado el becerro, y cuando le hace su señor cargo, que así llamó a Moisén, dice que él echó el oro en el fuego y pretende achacar al fuego la formación del ídolo. Señor, no se debe fiar el príncipe del ministro que toma el oro y la plata de los judíos, que es artífice de sus pecados, porque del tal nunca, si Dios no se la revela, entenderá la verdad. Si alguno fuere tal ministro, se conocerá en que luego empezará su disculpa por la acusación del pueblo y, siendo él quien, para fabricar contra Dios ídolo, pidió al pueblo el oro y la plata y lo despojó, dice que el pueblo, que fue el pedido y el despojado, es el inclinado a mal y que el fuego tiene la culpa. Y nadie tratará con los judíos a quien no mientan y a quien no obliguen a mentir.

Prosigue el texto: «Viendo Moisén adorar el becerro, arrojó las tablas en que con su dedo había escrito Dios su Ley y quebrólas y, arrebatando el becerro, le quemó, molióle en menudo polvo, echóle en agua y diósele a beber a los hijos de Israel».

Llegado he al punto de la dificultad, Señor. V. M. tiene hoy los ojos en este suceso, los judíos las manos en esta maldad, aun con circunstancias mucho más dolorosas: Vos con ellos tenéis asientos, ellos dan el oro, Vuestros ojos leen sus blasfemias y sacrilegios, Vuestros oídos están atormentados con sus abominaciones. Vos sois, Señor, el grande y glorioso caudillo que Dios nos ha dado. Si a Vuestras espaldas hubiere —cosa que no creo— quien les pida el oro y la plata y lo funda en pecado y en delito, romped, Señor, los asientos, que menos es que romper la Ley. No reparéis en que los firmasteis con Vuestra mano, que Dios hizo las tablas y escribió la Ley con su dedo. Allí se rompió la Ley en castigo de la idolatría, aquí se deben romper los asientos en pena de ver la Ley condenada a muerte. Quemad el oro destos judíos, hacedle polvo y dádsele a beber a ellos. No reparéis en la necesidad de Vuestra gente, que Dios —y, por Él, Moisén— no reparó en la miseria y desnudez de la Suya. No ha habido caudillo que gobernase gente ni pueblo tan perseguido y sin socorro y asistencia humana, y veis, Señor, que, por delincuente, quiso más quemar sus tesoros y hacerlos polvos que guardarlos, aun a persuasión de tan extrema necesidad.

Quemar y justiciar los judíos solamente será castigo. Quemar y hacer polvo su caudal, romper los asientos, será remedio. Por esto Moisén primero se fue al remedio, despreciando su oro, y luego pasó al castigo, tan severo y universal como se le lee en estas palabras del propio capítulo, cuando dijo Moisén: «Si quis est Domini iungatur mihi. Congregatique sunt ad eum omnes filii Levi, quibus ait: Hec dicit Dominus Deus Israel: Ponat vir gladium suum super femur suum, ite, et redite de porta usque ad portam per medium castrorum, et occidat unusquisque fratrem, et amicum, et proximum suum... Cecideruntque in die illa quasi viginti tria millia hominum» (Si alguno es de Dios, lléguese a mí. Juntáronse con él todos los hijos de Leví, a los cuales dijo: «Esto dice el Señor Dios de Israel: Cíñase cada varón su espada sobre su muslo, id y volved desde una puerta hasta otra puerta por en medio de los reales, y cada uno dé muerte a su hermano y a su amigo y a su prójimo». Murieron en aquel día como veinte y tres mil hombres) (Éxodo, 32, 26).

Enseñó Moisén con las palabras que se debe llamar a las juntas tan importantes y a quién se ha de llamar. No dice que vengan los doctos, ni los ricos, ni nombra a Aarón; solos llama a los «que fueren de Dios. Éstos dice que se junten con él; no escoge éste o el otro. Pregunta que si hay alguno que sea de Dios: cuerdamente recela que para tales ejecuciones son pocos los que son de Dios. Llegáronse a Él todos los hijos de Leví, en quien se representa el estado eclesiástico. Ésta era gente que no participaba de la división de las heredades con los otros judíos: no tomará las armas contra ellos quien con ellos participare, ni será de Dios ni ejercitará acción tan grande.

Señor, hase de empezar el castigo desde una puerta a otra puerta: esto es decir que en todas las puertas de Vuestros reinos han de hallar muerte y cuchillo. ¡Oh, Señor, por menor delito mandó Dios que matase el hermano al hermano y el amigo al amigo y cada uno a su prójimo sin preceder proceso, y hoy, por incomparables e infernales sacrilegios, esperando la pereza de las probanzas, dejaremos vivir, no a nuestros hermanos, sino a nuestra persecución, no a nuestros amigos, sino a los públicos enemigos de Jesucristo, a los que en el Sacramento le pisan, en la cruz le queman, en su Ley le condenan a muerte! Dios, por Moisén, mandó que se acabase con ellos. No se debe dar lugar a que preguntemos con Jeremías («Threnorum, 3») «MEM Quis est iste qui dixit ut fieret, Domino non iubente?» (¿Quién es éste que dijo que se hiciese lo que Dios no manda?).

Paréceme a mí que la moneda de Judas por la venta de Jesucristo y la moneda déstos, también judíos y descendientes de aquellos que no solo le compran, sino le azotan y le queman, son de una propia casta, metal amasado con sangre inocente, y que son de un propio linaje y de una misma liga. Pues, Señor, religión de vida será que los cristianos católicos tengamos desta moneda el propio asco que los sacerdotes del templo tuvieron de aquella que les ofreció Judas, siendo tan malos aquellos sacerdotes, que dice dellos San León Papa estas palabras, tratando de que no la quisieron recibir: «Cuius cordis est ista simulatio? Sacerdotum conscientia capit quod arca templi non recipit. Timetur illius sanguinis taxatio, cuius non timetur efussio» (¿De cuál corazón es esta hipocresía? La conciencia de los sacerdotes recibe lo que el arca del templo no admite. Témese el aprecio de aquella sangre de que no se temió el derramamiento).

La hipocresía de los malos sacerdotes y ancianos fue ésta: cuando Judas les arrojó las monedas en el templo, dijeron (Mateo, 27): «Principes autem sacerdotum, acceptis argenteis, dixerunt: Consilio autem inito, emerunt ex illis agrum figuli, in sepulturam peregrinorum. Propter hoc vocatus est ager ille Acheldemac, hoc est, ager sanguinis» (Habiendo los príncipes de los sacerdotes recibido la plata, dijeron: «No nos es lícito a nosotros echarla en la bolsa, porque es precio de sangre». Y, juntado concilio, compraron con la moneda una heredad de un alfaharero para sepultura de peregrinos. Y por esto se llamó aquella heredad «Aquelmadac», que quiere decir, «heredad de sangre»). Tomaron el dinero de Judas escrupuleando echarle en la bolsa por ser precio de sangre, mas tomáronle. Diéronle sin mirar a conciencia para que Cristo fuese vendido y parecióles lícito que entrase en la bolsa de Judas, varón de Carioth —que eso dice en hebreo Iscarioth—, y fingen conciencia para volverlo a recibir y justificación para no echarlo en el cepo del templo. Y, para dar color a la sacrílega disimulación, juntaron un concilio de aquellos con que tantas veces autorizaron sus traiciones y resolvieron se comprase de la moneda de Judas un campo para enterrar peregrinos.

Arrojó Judas la moneda que le dieron por Jesucristo en el templo y fuese a ahorcar. Los sacerdotes la levantaron, pareciéndoles que estaba su disculpa en cogerla del suelo por no recibirla de la mano del traidor. Considerad, Señor, cuán asquerosa es la moneda de los judíos, que Judas la arrojó y quiso antes ahorcarse que tenella, y aun le pareció infamia ahorcarse llevándola consigo. No oiga vuestra majestad a quien os dijere: «No la echamos en la bolsa, empléase en bien público»; que con dinero que es precio de la sangre de Cristo y caudal de los que le compran y le crucifican y le pisan en la Eucaristía y le queman en su imagen y le disfaman en su Ley, solo se fabrican sepulturas. Allí y entonces, para los peregrinos; y se puede y debe temer se fabriquen ahora, si se prosiguiese, para los naturales.

Estos asientos son «Aqueldamac», precio son de sangre, pues Judas le desecha, y con malos sacerdotes no mereció entrar en bolsa, que aun el concilio de la disimulación no los halló buenos sino para enterrar. Pues los judíos en Vuestra corte fijan carteles con edictos públicos condenando a muerte nuestra Ley soberana, fíjense los Vuestros, Señor, expeliéndolos universalmente de todos Vuestros reinos, que en negocios desta condición el echarlos y aniquilarlos es el solo remedio, que el castigarlos no lo es, pues, como dice Séneca, «aquellos pecados que más se castigan se cometen más». Así lo experimentamos desde que fue quemado el execrable hereje judaizante Benito Ferrer, a quien en el propio delito sucedió otro luego. Quemó el Santo Oficio a los que azotaron el crucifijo, y, en medio de las fiestas que a Vuestro ejemplo se hacían, en Vuestra corte fijaron carteles tan nefandos.

Perezcan, Señor, todos y todas sus haciendas. Escoria es su oro, hediondez su plata, peste su caudal. Jesucristo Nuestro Señor nos enseñó en naciendo a huir del oro de los judíos. Estaba profetizado que había de recibir oro, y habiéndole en Judea, ordenó el Eterno Padre que una estrella se le trajese en la adoración de los Reyes de Oriente, región tan apartada de los malos resabios de la hebrea. Tuvo Cristo necesidad de moneda para pagar por sí y por San Pedro el tributo y, porque la moneda que había de dar por sí no fuese partícipe de tierra tan ingrata, mandó a San Pedro que pescase en el mar, sacase un pez y le abriese, y que pagase con una moneda que hallaría en su boca. Ejemplos son éstos que dan a conocer cuánto debemos los cristianos huir, en nuestras necesidades, de acudir a las bolsas de los judíos por dinero; gente de tan encarecida iniquidad y de tan hereditaria apostasía, que, siendo en incomprensible perfección diligentísima la providencia inescrutable del Padre Eterno, para guarecer a Jesús, Su Hijo, y a su Santísima Madre contra la persecución de Herodes, no halló en toda Judea un leal de quien fiarlos y los inspiró con un ángel se fuesen a Egipto. Más confió Dios de los gitanos que de los judíos: de aquéllos, todo; déstos, nada. Vea vuestra majestad qué se podrá fiar dellos.

Y porque la conveniencia política, a quien llamo la conciencia de los aumentos con máscaras de mejora, no introduzca en esta verdad sus desenvolturas con nombre de escrúpulos, con ella propia en todo su rigor, como si la copiara de Tiberio César, grande artífice de limar lo recto con lo útil, aseguraré mi discurso.

Lo primero, Señor, como no se llaman vasallos de vuestra majestad las enfermedades de Sus vasallos, así no se pueden llamar vasallos ni pueblo de vuestra majestad los judíos, por ser plagas de Vuestros reinos y enfermedades de Vuestros vasallos. Son esponjas que el turco y todos los herejes empapan en el tesoro de España para exprimirlas en sus Sinagogas contra ella.

Lo segundo, afirmo que sus socorros y letras antes son espías, contra las órdenes de vuestra majestad, a sus enemigos, que socorros. Siendo verdad infalible que todos los judíos de España consisten para los asientos en dos cosas, que son caudal pronto y crédito puntual: con el caudal trajinan y negocian, con el crédito socorren. El caudal, como siempre le tienen sus pecados temerosos del Santo Oficio y amenazado de confiscaciones, consiste en moneda y mercancías portátiles y siempre dispuestas a la fuga. El crédito le tienen en Raguza, en Salónique, en Ruán, en Ámsterdam; de manera que dependen para toda la puntualidad y aceptación de sus letras de los que son enemigos de vuestra majestad. Pues si son para Flandes, contra los herejes rebeldes, depende dellos propios la paga; si contra los turcos, depende de los propios turcos; si contra los franceses, depende de los franceses; si contra los herejes de Alemania, depende de los mismos herejes la judería de Praga; y si se encendiese guerra en Italia, dependerá de las Sinagogas de Roma y Ligorna y Venecia. Vuestra majestad sabe si será necesario prevenir esto, pues si se presumiesen rumores entre las armas de vuestra majestad y algunos potentados, podrían estos asentistas judíos ser desde Vuestra corte la mejor parte de sus ejércitos.

Yo, Señor, he visto en Raguza, con tocas y trajes de judíos, hombres que en Madrid había visto con cuellos y espadas en buen asiento y en buen lugar en las iglesias. Y vi padres y hermanos y hijos de otros que en el reino de Nápoles eran tan poderosos —siendo verdaderamente judíos, como ellos—, que tenían grandes heredamientos, baronías, muchos lugares y vasallos, y alguno título, cuya era la mayor y más importante fortaleza de aquel reino en el mar Adriático. En Ruán y en Roma, Ligorna y Venecia he visto lo propio. Pues, Señor, ¿quién ha podido ignorar que, siendo esto como es cierto, cada letra que dan los asentistas judíos que hablan portugués no es tantas espías como letras, pues su efecto se remite a los correspondientes suyos, que, siendo también judíos, viven debajo del dominio de vuestros enemigos? Y parece forzoso creer que las dilaciones en la paga sean mandadas de los propios holandeses y que las protestas tan perniciosas son maña de los unos y de los otros para que carezcan del fin que pretenden Vuestras reales órdenes en la sazón que conviene, si ha habido tardanzas o protestas o fraudes. Vuestra majestad es quien solo puede saberlo. Y con ser este daño tan grande y ejicial, no es menor ni menos indigno el ser inexcusable dar noticia cierta y ocular a estos judíos, con los asientos, de la necesidad, si la tiene Vuestro real patrimonio, de su empeño, del estado del caudal, de los vasallos y del que tienen todas las cosas, y asimismo de la sustancia de las ciudades. Pues no se puede dudar que estos secretos y otros que siguen a éstos, que tanto importan a los monarcas ocultarlos, estos judíos loa informan a sus padres y hijos y hermanos, que viven, puede ser no con otro intento, consentidos de Vuestros enemigos.

Bastaban y sobraban estos inconvenientes políticos para expeler de todos los reinos de vuestra majestad estos enemigos emperrados de la cruz de Jesucristo. Empero, síguese de los asientos con ellos otro más terrible y atroz que aun mi sentimiento se avergüenza de acusarle y le rehúsa la pluma.

Éste es, Señor, que con los asientos se da jurisdicción en Vuestros reinos, poder y mando a los judíos malos sobre Vuestros vasallos buenos y verdaderamente católicos y siempre y en todo leales. Y esta maldita nación, que, en justo castigo de haber crucificado a Jesucristo, en todas las partes del mundo es esclava, vil y abatida, sola en España manda con exaltación y dominio. No lo afirmo así por el dictamen de mi dolor. Ley hay, muy poderoso Señor, que lo ordena en la setena partida (título 24. De los judíos, ley I) dice estas santas palabras: «E la razón por que la Iglesia, los emperadores e los reyes e los príncipes sufrieron a los judíos que viviesen entre sí e entre los cristianos es ésta: porque ellos viviesen como en cautiverio para siempre, porque fuesen siempre en remembranza a los hombres que ellos venían del linaje de los que crucificaron a Cristo».

No podrá ser la razón por que Vos consentís judíos contraria a la razón por que los consiente la Iglesia, los emperadores, reyes y príncipes, pues aquélla fue tan santa como tenerlos para que en su cautiverio y desprecio se vea el castigo que merecieron por haber crucificado a Jesucristo. Si dijeron que esta ley habla contra los judíos que lo son y no contra los conversos, al que lo dijere le desmienten estos propios conversos, con sus maldades y carteles, tanto peores que los otros cuanto lo prueba no haberse convertido sino para poder hacer lo que hacen. Pues los judíos que públicamente profesan su error y visten traje de judíos se contentan con no ser ellos cristianos, mas éstos, dolosamente conversos, son judíos que pasan a pretender que sean judíos los cristianos. Éstos son los que en la corte y reinos de vuestra majestad han de estar, con el oprobio, cautiverio y desprecio, obedeciendo esta ley y siendo espectáculo a las gentes de la culpa que cometieron en la muerte de Cristo; que si en el abatimiento que dice la ley hubieran vivido, no hubieran necesitado con tan enormes pecados la total expulsión que la paz de nuestra sagrada religión pretende.

San Pablo (I ad Tesalonicenses 2): «Iudei autem, et Dominum Iesum occiderunt, et prophetas, et nos persecuti sunt, et Deo non placent, et hominibus adversantur, prohibentes nos gentibus loqui ut salvae fiant, ut impleant peccata sua semper pervenit enim ira Dei super illos usque in finem» (Los judíos dieron muerte a Nuestro Señor Jesucristo y a los Profetas, y a nosotros nos han perseguido, y no agradan a Dios y contradicen a los hombres, prohibiéndonos hablar a las gentes porque no se salven, para llenar sus pecados siempre, vino la ira de Dios sobre ellos hasta el fin). Todo lo dijo el apóstol, Señor. Los que no agradan a Dios no nos agradan a nosotros; acompañemos con la ira de Dios la nuestra.

«Nolite iugum ducere cum infidelibus» (No llevéis yugo con los infieles). Sagrado precepto es. Pues, ¿cómo permitirá Vuestra esclarecida piedad, Vuestra grandeza católica, Vuestra justicia diligente y recta, los grandes dotes de Vuestra alma real, Vuestro entendimiento superior, Vuestra voluntad toda enamorada de lo lícito y de lo justo, que no solo lleven yugo con los infieles Vuestros católicos vasallos, sino que con la autoridad y el mando los propios judíos infieles los sean yugo que los oprima? En Roma y en Liorna y en Venecia, los judíos que lo son públicamente están con señal, y los conversos, por la sospecha que dellos se tiene, con desprecio, debajo del turco, padecen más abatida esclavitud que tuvieron debajo del poder de Faraón. Pues, ¿qué temeridad habrá tan descarada a Dios, que apoye, con ninguna color que la admita la vergüenza cristiana, que los vilísimos judíos solo en Vuestros reinos triunfen de las afrentas e ignominias que, en venganza de la muerte de Jesucristo, les dan los herejes y los turcos?

No ignoro que han de ser admitidos en la Iglesia por la conversión y solicitados para ella, mas no olvido las palabras del obispo don Pablo, arriba citadas, en que aconsejó a don Enrique el Tercero no admitiese en su servicio, ni en su consejo, ni en las cosas de su patrimonio judío converso ninguno; y me acuerdo del consejo de los príncipes de la Sinagoga de Constantinopla a los judíos de España, adonde el primero y más principal es que, por cumplir con el rey don Fernando y para poder vengar dél, se conviertan con la boca sola, guardando su error en el corazón firmemente. Y, para conocer que ninguno se convierte de corazón, basta ver que en Turquía y en Holanda y en todas partes admiten por judío sin sospecha al que entre nosotros ha vivido como cristiano y que, para recibirlos los judíos en sus sinagogas por verdaderos judíos, antes es mérito y prerrogativa haberse convertido y bautizado que impedimento.

No puede ser salida destos inconvenientes decir que no hay otros con quien hacer asientos, estando el caudal de la república de Génova en pie, república cristianísima y opulenta, y la puntualidad y verdad de los nobles genoveses en el propio grado que la hemos experimentado siempre, con letras verdaderas, seguras y efectivas, pues con ellas han asistido hasta ahora a las grandes ocurrencias del invicto emperador Carlos V, Vuestro bisabuelo, y a las de Vuestro abuelo don Felipe II y a las que tuvo tan apretadas Vuestro santo y glorioso padre el señor rey don Felipe III. Y es de considerar que todos estos asientos se hacían por un factor o dos en Madrid con una o dos casas de Génova, y ahora, Señor, como los judíos son ricos por los medios que tengo dichos y su caudal es mecánico, para cada asiento se junta multitud de canalla vil y baja, en cuya multiplicación se siguen todos los daños referidos. Y como los más han sido penitenciados en Portugal, y merecen y esperan y lo temen serlo en Castilla, piden condiciones y excepciones contra los castigos del Santo Oficio. Que todo esto sea cristiana y políticamente de mala consecuencia, los sucesos lo dicen y los mismos asientos no lo callan. Ni es buena conveniencia escoger, por menos intereses, en los conciertos a los judíos conversos, porque en el trato no es menos costoso el que pide menos y se queda con todo que aquellos que en el asiento piden más y no faltan en nada. Nadie regatea menos en lo que trata que el embustero que sabe que no ha de cumplir lo que ofrece. Quien pide lo que forzosamente ha menester para cumplir pide para dar. Todo el tesoro que Génova ha adquirido en los socorros de España ha mudado de lugar, yo lo confieso, mas no ha mudado de señor. Vuestra majestad lo tiene, en posesiones, rentas y estados, en Nápoles, en Milán, en Sicilia, en Málaga, en Granada, Sevilla y Lisboa y otras ciudades; y de repúblicos libres ha hecho a casi toda su nobleza vasallos vuestra majestad. Empero, lo que chuparen las infames sanguijuelas judías se desaparece y huye y se retrae en el poder de todos Vuestros enemigos; y lo que es detestable, enemigos de nuestra santa fe. Porque los judíos hacen con nosotros lo que Satanás hizo con Cristo que, viéndole en el desierto fatigado y ayuno, le ofreció su socorro, que son piedras. No es otra la moneda deste pueblo endurecido: el propio metal acuñan que Satanás.

Mas por eso, Señor, dio a vuestra majestad Dios dos ángeles suyos para que, como dice el salmo 90: «Quoniam angelis suis mandavit de te, ut custodiant te in omnibus viis tuis, in manibus portabunt te, ne forte ofendas ad lapidem pedem tuum» (Porque mandó a sus ángeles que te guardasen en todos sus caminos, llevárante en sus manos, porque acaso no tropiece en la piedra tu pie). Y con esto, Señor, saldrán sus piedras en los asientos con la misma respuesta que salieron en la tentación, y no tropezará el pie de vuestra majestad enderezado siempre a todo bien. Pues con esto, «super aspidem et basiliscum ambulabis et conculcabis leonem et draconem» (andaréis sobre el áspid y el basilisco y acocearéis el león y el dragón). Éstos son los nombres propios de las lenguas de los judíos, de su vista, de sus uñas y de sus alas. Sierpes en el regazo los llamó el Santo Pontífice en el canon citado.

Yo espero de la soberana grandeza, clemencia y justicia de vuestra majestad que, borrando esta mala generación de Vuestros reinos y asolándolos, libraréis Vuestros vasallos «a sagita volante in die, a negotio perambulante in tenebris, ab incursu et demonio meridiano» (De la saeta que vuela de día, del negocio que camina en las tinieblas, del ímpetu y demonio meridiano) (Salmos 90, 13). Que estas tres cosas son las que más se deben temer, y los judíos son estas tres cosas: saeta que vuela de día, que es cuando hay luz para acertar a ofender; son negocio que camina en tinieblas para esconder los pasos y ocultar las zancadillas y los lazos; su caudal es demonio meridiano, tesoro de duende que, vulgarmente dicen, se vuelve carbón. Y así, repartido cada judío en estas tres calamidades, las padecemos siempre: a la mañana, saeta que vuela; a mediodía, demonio meridiano; y a la noche, negocio que camina en tinieblas.

Creo, Señor, que padecerá mi discurso no solo censuras, sino desprecios. Yo soy vasallo de vuestra majestad animosamente leal y criado Vuestro; soy, por la misericordia de Dios, cristiano redimido con la sangre de Jesucristo, a quien, en mi intención para Vuestro servicio, me protesto en el cielo y en la tierra, tan lejos de temer a los que me calumniaren, que los tendré lástima viéndolos incurrir en la rigurosa sentencia del Espíritu Santo (capítulo 29 de los Proverbios, verso I): «Viro qui corripientem dura cervice contemnit, repentinus ei superveniet interitus, et eum sanitas non sequetur» (Al varón que con dura cerviz despreciare al que le reprehende, le sobrevendrá muerte repentina y no tendrá más salud). Empero, cuando todos me calumnien, el pecho soberano y real de vuestra majestad amparará mi celo y le defenderá en su grandeza.

Prevenga, Señor, todas mis contradicciones la historia de Balaam profeta (libro 22 de los Números), donde se refiere la sagrada lección que Balac, hijo de Sefor, que en el aquel tiempo era rey en Moab, envió sus embajadores a llamar a Balaam, hijo de Beor, adivino, para que maldijese al pueblo de Dios. Comunicólo Balaam con Dios, y mandóle Dios muchas veces que no maldijese el pueblo que estaba bendito de su mano. Obedeció a Dios Balaam; empero, últimamente sobre una jumenta empezó a caminar. Enojóse Dios, y el ángel del Señor se opuso contra Balaam y contra dos criados que le seguían. Viendo la jumenta al ángel, que en el camino estaba con espada desnuda, se apartó del camino por los campos, y, como la apalease Balaam para volverla a la senda, el ángel se atravesó en medio de un callejón que hacían las cercas de unas viñas, y, viéndole, la jumenta se arrimó a una tapia y contra ella apretó el pie del que llevaba encima, el cual, volviéndola a castigar, no salió con su porfía, porque el ángel del Señor se atravesó en lo más estrecho, donde no podía caer sobre los pies de Balaam, el cual, enfurecido, empezó de nuevo con una vara a castigarla y afligirla. Entonces abrió Dios la boca de la asna, y, hablando, dijo: «¿Qué te he hecho yo? ¿Por qué maltratas la tercera vez? Dijo Balaam: "Porque lo mereciste y me burlaste. ¡Ojalá tuviera espada para herirte!". Dijo la jumenta: "¿No soy yo bestia tuya en quien siempre has andado camino hasta hoy? ¿Por dicha hasme visto otra vez hacer esto?". Respondió Balaam: "Nunca". Y al instante abrió Dios los ojos a Balaam, y vio al ángel, que con la espada desnuda estaba en el camino, y postrado en tierra le adoró. Y el ángel le dijo: "¿Por qué tercera vez tratas mal a tu jumenta? Yo vine a oponerme a tu camino porque es perverso y contra mí; y si la jumenta no le hubiera dejado y te hubiera obedecido, a ti te hubiera muerto y ella viviera"».

Poderosísimo Señor, en todas las virtudes reales no solo grande, antes remontado a la comparación con otro monarca de cuantos son y fueron, este texto historial que a vuestra majestad he referido, en quien intervienen tan desiguales interlocutores como son un adivino, un ángel, un jumento, atesora en su consideración literal la advertencia política y divina. Considerad, Señor, que, siendo Balaam ministro inmediato de Dios, con quien despachaba a boca, fió antes su obediencia de la mala bestia que del ministro malo, pues, cuando para atajarte los pasos mandó al ángel se hiciese visible, mandó se hiciese visible antes a la jumenta que al profeta. Y considere vuestra majestad que abrió Dios antes la boca a la pollina que los ojos a su ministro, y que a veces —no se puede negar— conviene que un bruto hable para que un adivino vea, y que el que está encima de otro, cuando rehúsa el camino que le manda hacer, debe no afligirle, sino temer que ve espada desnuda del cielo que le amenaza y que, si no abre los ojos y muda de intento, la espada del ángel dejará vivo al jumento, que la respeta, y dará muerte a Balaam, que la desprecia. Aquí no puede mi ignorancia hacer otra cosa que la del jumento: procuro disculpar el haber hablado yo en cosa tan grave.

No me admira que Balaam, que no veía el ángel, apalease a la borrica, que le veía. Empero, me llena de estupor que, oyendo hablar una bestia, la más bruta y de respiración más negada de formar voz y palabras, no solo no se espantase, sino antes, respondiéndola, echase menos espada para herirla. Grande es la insensibilidad de los obstinados en proseguir el mal camino que empiezan, pues ni le quieren dejar, ni dejar de afligir a quien los amonesta, ni conocen el portento ni el milagro.

No le abrió Dios los ojos a Balaam hasta que la jumenta le convenció con razones. Castigo fue que a un profeta convenciese una jumenta. Desdichado de aquel que ni se dejare convencer de los hombres ni de las bestias. Éste ni quiere abrir los ojos ni que se los abran, ni ve al ángel ni le puede ver. No conoce, para su ruina, que la inobediencia de un jumento libra de la muerte a un profeta.

Si yo hubiese acertado a interpretar los retiramientos deste capítulo, no habré perdido el tiempo ni la esperanza de autorizar en la brutalidad mía estas palabras encaminadas a solo el servicio de vuestra majestad y gloria de Jesucristo en la total expulsión y desolación de los judíos, siempre malos y cada día peores, ingratos a su Dios y traidores a su rey, prometiéndome y creyendo que en todo será lo justo y más acertado lo que vuestra majestad determinare como monarca católico lleno de admirables y esclarecidas virtudes.

«Leva manus tuas in superbias eorum in finem. Quanta malignatus es inimicus in sancto! Et gloriati sunt qui oderunt te in medio solemnitatis tue; posuerunt signa sua, signa.»

TODO LO ESCRIBO DEBAJO DE LA CORRECCIÓN DE LA SANTA IGLESIA
ROMANA, Y SI ALGO HAY DISONANTE A SU SACRA DOCTRINA, DESDE
LUEGO LO RETRATO.

En Villanueva de los Infantes, 20 de julio de 1633.
Besa los reales pies y mano de vuestra majestad.
Don Francisco de Quevedo Villegas

Fin

Libros a la carta

A la carta es un servicio especializado para
empresas,
librerías,
bibliotecas,
editoriales
y centros de enseñanza;
y permite confeccionar libros que, por su formato y concepción, sirven a los propósitos más específicos de estas instituciones.

Las empresas nos encargan ediciones personalizadas para marketing editorial o para regalos institucionales. Y los interesados solicitan, a título personal, ediciones antiguas, o no disponibles en el mercado; y las acompañan con notas y comentarios críticos.

Las ediciones tienen como apoyo un libro de estilo con todo tipo de referencias sobre los criterios de tratamiento tipográfico aplicados a nuestros libros que puede ser consultado en Linkgua-ediciones.com.

Linkgua edita por encargo diferentes versiones de una misma obra con distintos tratamientos ortotipográficos (actualizaciones de carácter divulgativo de un clásico, o versiones estrictamente fieles a la edición original de referencia).

Este servicio de ediciones a la carta le permitirá, si usted se dedica a la enseñanza, tener una forma de hacer pública su interpretación de un texto y, sobre una versión digitalizada «base», usted podrá introducir interpretaciones del texto fuente. Es un tópico que los profesores denuncien en clase los desmanes de una edición, o vayan comentando errores de interpretación de un texto y esta es una solución útil a esa necesidad del mundo académico.

Asimismo publicamos de manera sistemática, en un mismo catálogo, tesis doctorales y actas de congresos académicos, que son distribuidas a través de nuestra Web.

El servicio de «libros a la carta» funciona de dos formas.

1. Tenemos un fondo de libros digitalizados que usted puede personalizar en tiradas de al menos cinco ejemplares. Estas personalizaciones pueden ser de todo tipo: añadir notas de clase para uso de un grupo de estudiantes, introducir logos corporativos para uso con fines de marketing empresarial, etc. etc.

2. Buscamos libros descatalogados de otras editoriales y los reeditamos en tiradas cortas a petición de un cliente.

9 788490 077122